Stefanie Kellner

Wahr Nehmung

und andere Gedichte

Bibliografische Information der Deutschen Nationalbibliothek:
Die Deutsche Nationalbibliothek verzeichnet diese Publikation in
der Deutschen Nationalbibliografie; detaillierte bibliografische
Daten sind im Internet über http://dnb.d-nb.de abrufbar.

© 2014

Herstellung und Verlag: BoD – Books on Demand GmbH,
Norderstedt

ISBN: 9783734736438

Lange nicht gesehen, alter Kumpel!

Inhalt

	Seite
Wahr Nehmung	6
Abwägen	8
Haftung	10
Vernunft	12
Unverändert	14
Amoklauf	16
Beleidigt	18
Entscheidung	20
Herz unerhört	22
Groß	24
Hinter den Mauern	26
Liebesbriefe	28
Begreifen	30
Warten	32
Wahre Freiheit	34
Ratlos	36
Ohne Worte	38
In der Muschelschale	40
Allein	42
Das Ohr	44

	Seite
Beißendes Lamm	46
Die Tür	48
Betreten	50
Freind	52
Lebensabschnitt	54
Schönheit der Freundschaft	56
Aufruf	68
Dazwischen	60
Dafür	62
Entzaubert	64
Erwachsen	66
Richtig	68
Unglücklich im Job	70
Besser nicht	72
Verklebt	74
Schuldig	76
Vergessene Werte	78
Weile	80
Wintersonne	82
Überwindung	84
Neue Perspektive	86

Wahr Nehmung

Was
Frage ich

Was ist wahr

Wie nehme ich
Die Worte

Wie die Taten
Die sich wahrhaft

Widersprechen

Abwägen

Ein Gramm mehr
Ach nein
Doch die andere
Schale

Äpfel mit Birnen
Ausgewogen
Und am Ende fällt doch

Anderes
Ins Gewicht

Oder nicht?

Haftung

Du könntest Dich
Ver-antworten
Zu Deiner
Ent-scheidung

Eine Kon-sequenz
Die dich
Wahr-haftig
Nicht

Allein betrifft!

Vernunft

Könnte doch manchmal
Die Vernunft
Das Herz
Bestimmen

Das wäre einfach

Aber die Vernunft
Kann nur
Das Herz
Verstehen

Um festzustellen
Dass sie keine
Handlungskompetenz
Hat

Unverändert

Ein Elend
Der Versuch

Er versprach
Fortschritt

Doch wir spielen
Dasselbe Spiel

Mit anderen
Vorzeichen

Amoklauf

Eigens errichtete Mauern

Schüren Sehnsucht
Nach Liebe

Nähren Angst
Vor Unerreichbarkeit

Veranlassen Wut
Über Unzulänglichkeit

Verleiten zu Lust
Auf Zerstörung

Beleidigt

Zuwendung heischend
Machst du dich schwach
Bettelst mich an
Um meine
Dich bereits
Lange
Tief
Völlig umfassende
Liebe

Bitte beleidige mich nicht.
Begehre mich!

Entscheidung

Herz in Aufruhr
Panik starrt
Ins Leben

Während innen
Das Karussell
Schwindelt
Vor Liebe
Und Zuversicht

Herz unerhört

Mehr und immer mehr
Neigst du dich
Zu mir her

Glücklich
Siehst du aus

Deine Augen
Lügen nicht

Und doch ist es
Dein Mund, der spricht

„Ich weiß es nicht"

Groß

Groß
Und nah
Wie bei Fön
Die Berge

Unfassbar
Schön
Sind Deine Arme
Ist Deine Nähe

Zeigen mir
Den Weg
Zu mir selbst
Ins Leben

Hinter den Mauern

Hinter den Trümmern
Unserer Mauern
Blendet Sonnenschein
Erkaltete Seelen

Wärme
Bemächtigt sich
Unserer Körper

Zart
Grünt Hoffnung
Auf fruchtbarem Boden

Wartet auf Regen

Liebesbriefe

Liebesbriefe
Sehnsüchtig

Liebessüchtige
Sehnbriefe

Liebessehnen
Briefsüchtig

Sehnsüchtige
Briefliebe

Begreifen

Hand
Begreift
Die Welt

Unmittelbar

Haut
Lügt nicht

Warten

Liebe
Macht
Verantwortung

Ohne Antwort
Verantwortet Liebe
Ohnmacht

Wahre Freiheit

Unabhängigkeit
Wovon?

Liebe macht nicht
Unabhängig

Liebe macht frei

Von allen Dingen
Die abhängig machen

Weil sie versteht
Nicht verschluckt

Ratlos

Ratsch
Entzwei

Nicht
Zweifelsfrei

Liebst Du
Und jetzt?

Sag an
Wie dann?

Ohne Worte

Deine Worte
Warum

Keine Worte
Was du willst

Warum nicht
Dass du willst

In der Muschelschale

Entblößt, nackt
Sind wir
So schutzlos

Aber zusammen
So nah und warm
Wie nie zuvor

Allein

Nur allein
Vertraut
Mit mir

Ganz allein
Vertrau
Ich dir

Nicht allein
Will ich
Mehr sein

Das Ohr

Du hast mir Dein Ohr geliehen
Oh, herzlichen Dank
Doch wäre mir lieber
Du liehest mir dein Herz

Dein Ohr scheint mir löchrig
Hört einzig auf deine Gedanken
Die deine Worte
Legitimieren

Beißendes Lamm

Schmerz
Meiner Narben
Bricht auf

Von dir
Opfer
Beigebracht

Dass du
Das Lamm seist

Ich habe es geglaubt

Die Tür

Die Tür,
Die Tür!
Sie schließt sich,
Schau!

Die Tür,
Pass auf
Gefühle
Im Stau

Sie klemmen
Ein
Kommen nicht mehr
Raus

Sie schließt sich
Gib Acht!
Sonst ist es
Aus

Betreten

Sieh an
Er wechselte die Seite
Wähnt sich nun
Als ein Gewinner

Doch weh dem
Der erkennt sein Spiel
Hebt womöglich gar den Finger
Diesem bleibt fortan nicht viel

Denn von neuen Höhen
Wird er nicht nur übersehen
Sondern glatt beiseit getreten

Der alte Freund
Der guckt betreten

Freind

Der Mund sagt
Freund
Die Taten
Feind

Verhöhnen Vertrauen
Denn auf das was du tust
Kann Freundschaft
Nicht bauen

Lebensabschnitt

Es ist so weit
Bald kommt es nun
Mein vorerstliches Ende

Ich wollt es nicht
Und doch fühl ich
Mich endlich wieder frei

Frei von ihm
Vorm Selbstbetrug
Und seiner Völlerei

Künftig lass ich
Freundlichkeit
Wie diese einfach sein

Dann will ich
Nun endlich mal
Wirklich ich selber sein

Schönheit der Freundschaft

Auf dem Schlachtfeld
Des Lebens
Im ständigen Kampf
Nach Macht und Anerkennung

Wird Freundschaft
Die nicht fordert
Aber nachfragt
Zu einer kostbaren
Schönheit

Aufruf

Haltet inne
Atmet den Wind
Tankt Sonne
Spürt Regen
Auf der Haut

Haltet inne
Bleibt stehen
Atmet durch
Schöpft Kraft
Für euren Weg

Haltet inne
Hört zu
Seht hin
Bewegt euch

Auch für andere

Dazwischen

Zwischen
All diesen Menschen
Her- und Zukunft
Den Stühlen zum Verweilen

Da
Zwischen
Verwischen
Wege

Ihr Ziel
Verfehlen mitunter
Den Willen
Zwischen den Zeilen

Dafür

Es brabbelt
Und strebt
Es krabbelt
Und lebt

Trotz aller Unbill
Dies zu erleben
Dafür
Lohnt es sich eben

entzaubert

vor-täuschung
vor-freude

ent-täuschung
ent-freude

erwachsen

erwachsen
woraus

sind wir
älteren

menschen
kinder

Richtig

Zweifelst du
Mein Kind
Ob du richtig bist

Richtiger
Kam niemand
Je
Auf die Welt

Unglücklich im Job

Nein sagen?
Die Familie!

Kündigen?
Das Haus!

Sterben!
Welchen Tod?

Besser nicht

Kleinen Finger gereicht
Hand gefressen
Wille verstümmelt
Seele krank

Verklebt

Das Leben geht weiter
Und die Tränen

Bahnen sich
Den Weg

Nach innen
Laufen

Mit dem Leben
Um die Wette

Schuldig

Wer sind wir
Die das Leben
Unser Leben
Jenen überlassen
Die es nicht
Zu leben verstehen?

Warum unterwerfen wir uns
Unausgesprochenen Regeln
Erwartungen
Die uns fordern
Aber die uns nicht
Gerecht werden?

Wir machen uns schuldig
Sind Mittäter
Am nicht gelebten Leben
Einer überforderten
Gesellschaft

Vergessene Werte

Was waren das noch
Für Worte

Demut und
Stolz

Heute gibt es nur noch
Me Too und
Ego

Weile

Die Warterei
Hat ihren Zweck
Ungeduld
Führt von uns weg

Wintersonne

Du streichelst mich
Ich vergaß
Dein gülden Licht

Grau war
Meine Seele
Ohne dich

Aber du
Vergisst uns nicht

Überwindung

Komm
Habe Mut

Kein Leben
Kann dir
Verwehrt bleiben

Außer
Nicht gelebte
Zeit

Neue Perspektive

Und plötzlich
Ich
Ich bins

So lange
Nicht gesehen
Alter Kumpel

Wollen wir
Von vorn
Beginnen?

Über die Autorin

Zur Lyrik fand Stefanie Kellner erst im Jahr 2010. Das Schreiben von Gedichten begleitet seitdem ihr Leben in der Auseinandersetzung mit Lebenserfahrungen und als Ausdruck innerer Entwicklungen. Ihr erster Gedichtband "Gleichklang" erschien 2012 bei Books on Demand.

Stefanie Kellner wurde 1969 in Bonn geboren. Sie erwarb ihr Diplom als Kulturwirtin an der Universität Passau. Im Frankfurter Raum absolvierte sie einige berufliche Stationen in der freien Wirtschaft, bevor sie in ihre alte Heimat am Rhein zurück kehrte und sich wieder vermehrt der Kultur zuwandte. Sie arbeitete für das Bundesjazzorchester des Deutschen Musikrats und für das Jazzfest Bonn. In der Bildhauerhalle Bonn absolvierte sie das berufsbegleitende „Basisstudium Bildhauerei" bei Paul Advena. Stefanie Kellner lebt heute mit ihrer Familie als frei schaffende Künstlerin und Querflötenlehrerin in Bonn Bad Godesberg.